LETTRE D'UN ACADEMICIEN DE BERLIN À UN ACADEMICIEN DE PARIS.

A BERLIN,
Chez ETIENNE DE BOURDEAUX
LIBRAIRE DU ROY ET DE LA COUR.
MDCCLIII.

DEpuis qu'il y a eu des gens de lettres, il y a eu des disputes, parce qu'il est libre d'avoir des sentimens differens, & que chacun croit avoir de bonnes raisons pour soutenir les siens; mais ce qu'il y a d'humiliant pour l'esprit humain, ce sont ces animosités excitées par l'envie, ces libelles, ces injures, ces calomnies atroces, dont les petits génies tâchent d'accabler la mémoire des grands hommes.

Ne penſez pas, M. que ce ſoit moi qui ai à me plaindre ; la médiocrité des talens eſt comme un rempart qui défend contre les incurſions de l'envie ; il s'agit de M. de Maupertuis, notre illuſtre Préſident : ſa ſupériorité, ſon génie, ſes profondes connoiſſances, ont révolté l'amour propre de M. Konig, Profeſſeur en Philoſophie. Ce Profeſſeur ne pouvant s'élever à l'égal d'un grand homme, crut que ce ſeroit toujours beaucoup que de l'abaiſſer ; il diſputa à notre Préſident les découvertes *ſur le principe univerſel de la moindre action*, en ſoutenant que Leibnitz en étoit l'inventeur. M. de Maupertuis demanda des autorités, il voulut ſcavoir dans quel ouvrage de M. de Leibnitz on trouvoit des traces de ces découvertes. Konig, pour ne pas demeurer court dans cette embarraſſante ſituation, produiſit des fragmens de Lettres ſuppoſées de M. de Leibnitz. Ce procès littéraire, expoſé dans une Aſſemblée de notre Académie, fut jugé ; & Konig condamné d'une voix.

Le Profeſſeur, irrité de ſe voir confondu, & ſur-tout fâché de n'avoir pû nuire à un homme que toute l'Europe admire, non content de l'accabler d'injures groſſières, (la dernière reſſource de ceux qui n'ont point de bonnes raiſons à alléguer,). s'aſſocia avec des Ecrivains aſſez mépriſables pour s'enrôler chez lui, & pour combattre ſous ſes drapeaux. L'un de ces miſérables, ſous le nom d'un Académicien de Berlin, a fait imprimer un libelle infâme, dans lequel il traite M. de Maupertuis, comme un homme ſans jugement peut parler d'un inconnu, ou comme les impoſteurs les plus effrontés ont coutume de calomnier la vertu.

M. de Maupertuis eſt trop au deſſus de pareilles imputations, par ſon caractère, par ſon mérite, & par ſa réputation, pour qu'il ait lieu de s'en offenser; il est trop Philosophe, pour que des injures qui ne sont que des injures, puissent troubler son repos; mais, nous autres Académiciens, nous devons nous élever contre un furieux, qui sans pouvoir mordre M. de Maupertuis, pourroit blesser notre Corps.

Il faut qu'il soit clair aux yeux de toutes les Nations qu'il n'y a point parmi nous de fils assez dénaturé pour lever le bras contre son Pere, ni d'Académicien assez vil pour se rendre l'organe mercenaire des fureurs d'un envieux. Non, M. nous rendons tous à notre Président le tribut d'admiration qu'on doit à sa ſcience & à ſon caractère ; nous oſons même nous l'approprier, nous le revendiquons à la France : il jouit chez nous pendant ſa vie de la gloire qu'Homère eut long-tems après ſa mort ; les villes de Berlin & de Saint-Malo ſe diſputent laquelle des deux eſt ſa véritable patrie : nous regardons ſon mérite comme le nôtre, ſa ſcience comme donnant la plus grande ſplendeur à notre Académie, ſes travaux comme des ouvrages dont toute l'utilité nous revient, ſa réputation comme celle du Corps, & ſon caractère comme le modéle de celui d'un honnête homme & d'un véritable Philoſophe. Voilà les ſentimens de l'Académie en Corps. Voici le langage de l'imposture.

Le soi-disant Académicien anonyme dit que M. de Maupertuis feroit par ses mauvais procédés déserter tous nos Académiciens, s'ils n'étoient soutenus par la protection du Roy. Autant de mots, autant de faussetés : c'est un fait connu de tout le Royaume, & de toute l'Allemagne, que nos plus célébres Académiciens ont été attirés ici par les soins de M. de Maupertuis, qu'il est l'œconome de nos revenus, le distributeur des places vacantes, le dispensateur des gratifications, le protecteur des talens ; & que dans toutes ces différentes parties de son administration il a constamment montré du désintereſſement, un eſprit d'ordre dans la régie de nos finances, du diſcernement dans le choix des perſonnes pour remplir les places vacantes, de l'équité dans la diſtribution des penſions & des prix, un attachement ſincère à la gloire de l'Académie, de l'amitié & de la fidélité à chacun de nous en particulier, & une protection toujours ouverte pour ceux qui en avoient beſoin; de ſorte que, loin d'avoir ſujet de nous plaindre de lui, nous lui ſommes redevables pour la plûpart de nos places, de ſes inſtructions, de ſes conſeils, de ſes lumières, & de ſon exemple.

L'Auteur du Libelle contre M. de Maupertuis eſt ſans doute très-mal inſtruit de ce qui ſe paſſe dans notre Académie, & de l'eſprit qui l'anime : nous n'avons jamais eu de querelles, parce que nous n'avons point donné entrée à l'eſprit de parti : lorſque nos opinions ſont différentes, cela ne nous conduit qu'aux diſſertations, & jamais aux diſputes : nous croyons que c'eſt aux Philoſophes à donner l'exemple au peuple ; & que ceux qui cherchent la vérité de bonne foi, ne ſont point opiniâtres, moins prévenus d'eux-mêmes, moins amoureux de leurs penſées, que ces hommes dont l'eſprit groſſier eſt demeuré en friche. Ils tournent toute la ſagacité de leur eſprit à deviner les énigmes de la Nature ; ils ſont reconnoiſſants envers ceux qui les empêchent de ſe tromper, & pleins d'admiration pour ceux dont les lumières les éclairent. Par ces raiſons on n'a jamais vû dans nos aſſemblées de ces ſcènes aviliſſantes pour un Corps de gens de lettres, comme celle qui à Paris il y a quelques années indigna le Doyen de tous les Académiciens de l'Europe.

Notre prétendu Académicien ;

après avoir débité des mensonges aussi manifestes que ceux que j'ai rapportés plus haut, ne s'arrête pas en si beau chemin; & comme si son effronterie s'accroissoit à mesure qu'il répand son venin, il assure que M. de Maupertuis déshonore notre Académie: pour celui-là, je ne m'y attendois pas: les Anciens ont avec bien de la sagesse appellé les méchans des furieux, à cause que la méchanceté est une espéce de délire qui égare la raison. Ce faiseur de Libelle sans génie, cet ennemi méprisable d'un homme d'un rare mérite, n'a-t'il pû trouver d'autre calomnie plus apparente dans la stérilité de son imagination, qu'une disparate semblable ? N'a-t'il pas compris qu'un crime utile étant révoltant, un crime inutile devient le comble de l'infamie ? Une grossiéreté aussi platte, une proposition aussi absurde, ne merite en vérité pas de réponse. A qui apprendrai-je, qui ne le sçache depuis long-tems, que M. de Maupertuis fut regardé en France comme le Géometre le plus capable de vérifier les vérités que Newton avoit devinées dans son Cabinet touchant la figure de la terre, qu'il fut envoyé en Laponie ; & que par ses opérations géométriques, il contribua autant à sa gloire qu'à celle du Philosophe Anglois, que sa modestie lui faisoit regarder comme son Maîtrè? A qui apprendrai-je, que comblé d'honneurs par le Roy de France, il fut appellé chez nous par le Roy; que c'eſt ſous ſa direction que notre Académie long-tems languiſſante a repris une nouvelle vie?

Eſt-ce à moi d'inſtruire le public, (déja tout inſtruit,) que M. de Maupertuis par ſes ouvrages en tout genre a contribué plus qu'aucun de nous autres aux Memoires que nous faiſons paroître tous les ans? Qui ignore, ou fait ſemblant d'ignorer, que M. de Maupertuis eſt admiré de tous les Sçavans qui ont lû ſes ouvrages; aimé & eſtimé de nous autres, chéri de tous ceux qui vivent avec lui, diſtingué à la Cour, & favoriſé du Roi plus qu'aucun autre Sçavant ?

Je ne plains pas notre Préſident ; il a de commun avec tous les grands hommes d'avoir été envié, & d'avoir réduit ſes ennemis à inventer contre lui des abſurdités : mais je plains ces malheureux Ecrivains qui s'abandonnent inſenſément à leurs paſſions, & que leur méchanceté aveugle au point de trahir en même tems leur frivolité, leur ſcélérateſſe & leur ignorance.

Mais quel tems penſez-vous, M. que ces gens ont pris pour attaquer notre Préſident ? Vous croyez ſans doute qu'en braves champions ils l'ont provoqué au combat pour ſe battre à armes égales ? Non, M. apprenez à connoître la lâcheté & l'indignité de leur caractère ; ils ſçavent, (& c'eſt un deüil pour nous,) que M. de Maupertuis eſt depuis ſix mois attaqué de la poitrine, qu'il crache le ſang, qu'il a de fréquentes ſuffocations, que ſa foibleſſe l'empêche de travailler, qu'il eſt plus près de la mort que de la vie ; que les larmes d'une Epouſe qui le chérit, & les regrets de tous les gens de bien l'attendriſſent : voilà le moment qu'ils choiſiſſent pour lui plonger (ſelon qu'ils le croient) le poignard dans le cœur. A-t'on jamais vû une action plus malicieuſe, plus lâche, plus infâme ? A-t'on jamais oüi parler d'un brigandage plus affreux ? Quoi ! un homme de lettres illuſtre, dont les paroles n'ont jamais bleſſé perſonne, dont la plume a même reſpecté ſes ennemis, lorſqu'il eſt prêt à rendre les derniers ſoupirs, & qu'il ne lui reſte ainſi qu'à tous les gens de bien que la conſolation de laiſſer après lui une réputation bien établie, apprend qu'on l'attaque, qu'on le perſécute, qu'on le calomnie : on voudroit le conduire au tombeau avec la douleur & le déſeſpoir d'être ſpectateur à ſon dernier moment de ſa flétriſſure & de ſon opprobre ; on voudroit lui entendre dire : „ A quoi „ m'a servi cette vie pure & sans tache que j'ai menée ? A quoi m'ont „ servi ces veilles laborieuses que je „ dévouois au public, mes travaux „ litteraires, les services que j'ai rendus à cette Académie, & ces Ouvrages qui devoient me mener à „ l'immortalité, si mes cendres deviennent l'objet du mépris, par les „ taches dont on veut couvrir ma réputation, & si je ne laisse en heritage „ à ma famille que ma honte & mon „ déshonneur ? „ Mais non, M. les ennemis de M. de Maupertuis l'ont mal connu ; il méprise leur fureur impuissante, & la leur pardonne: trop Philosophe pour se laisser ébranler selon le caprice de ſes ennemis, & trop Chrétien pour conſerver dans ſon cœur des ſentimens de vengeance, à peine a-t-il entendu les cris de leur rage ; & en ſanté même, il n'y auroit pas répondu.

Si l'amour de la gloire bien entendu eſt le premier mobile des grandes ames, ſi ce principe eſt ſi fécond en belles actions & en vertus rares & ſingulières pour le bien du monde, ne doit-on pas regarder comme des perturbateurs du bien public, comme des gens plus dangereux que des aſſaſſins, ceux qui tâchent de ravir aux grands hommes une gloire juſtement acquiſe? Et que deviendra cette noble ardeur qui porte aux grandes choſes par l'appas de cette legère récompenſe, ſi l'on ſouffre des complots de ſcélerats aſſociés pour la ravir à ceux qui en ſont en poſſeſſion?

Voyez comme les ennemis de M. de Maupertuis ſe ſont trompés; ils ont pris l'envie, pour l'émulation; leurs calomnies, pour des vérités; le deſir de perdre un homme, pour ſa ruine réelle, l'eſpérance de le réduire au déſeſpoir, pour la fin déſaſtreuſe de ſa vie; & leur folie, pour la méchanceté la mieux ourdie. Qu'ils apprennent enfin, qu'ils ſe ſont abuſés dans leur deſſein & dans leurs conjectures; & que s'il y a des gens aſſez lâches pour oſer calomnier de grands hommes, il s'en trouve encore dans ces tems d'aſſez vertueux pour les défendre.

www.ingramcontent.com/pod-product-compliance
Ingram Content Group UK Ltd.
Pitfield, Milton Keynes, MK11 3LW, UK
UKHW021156230726
13926UKWH00001B/118

9 782014 078350